Nader Khelil
Lafif Salah

Gestion de Cabinet de Radiologie

Nader Khelifi
Lafif Salah

Gestion de Cabinet de Radiologie

Éditions universitaires européennes

Impressum / Mentions légales
Bibliografische Information der Deutschen Nationalbibliothek: Die Deutsche
Nationalbibliothek verzeichnet diese Publikation in der Deutschen
Nationalbibliografie; detaillierte bibliografische Daten sind im Internet über
http://dnb.d-nb.de abrufbar.
Alle in diesem Buch genannten Marken und Produktnamen unterliegen
warenzeichen-, marken- oder patentrechtlichem Schutz bzw. sind
Warenzeichen oder eingetragene Warenzeichen der jeweiligen Inhaber. Die
Wiedergabe von Marken, Produktnamen, Gebrauchsnamen, Handelsnamen,
Warenbezeichnungen u.s.w. in diesem Werk berechtigt auch ohne besondere
Kennzeichnung nicht zu der Annahme, dass solche Namen im Sinne der
Warenzeichen- und Markenschutzgesetzgebung als frei zu betrachten wären
und daher von jedermann benutzt werden dürften.

Information bibliographique publiée par la Deutsche Nationalbibliothek: La
Deutsche Nationalbibliothek inscrit cette publication à la Deutsche
Nationalbibliografie; des données bibliographiques détaillées sont
disponibles sur internet à l'adresse http://dnb.d-nb.de.
Toutes marques et noms de produits mentionnés dans ce livre demeurent
sous la protection des marques, des marques déposées et des brevets, et sont
des marques ou des marques déposées de leurs détenteurs respectifs.
L'utilisation des marques, noms de produits, noms communs, noms
commerciaux, descriptions de produits, etc, même sans qu'ils soient
mentionnés de façon particulière dans ce livre ne signifie en aucune façon
que ces noms peuvent être utilisés sans restriction à l'égard de la législation
pour la protection des marques et des marques déposées et pourraient donc
être utilisés par quiconque.

Coverbild / Photo de couverture: www.ingimage.com

Verlag / Editeur:
Éditions universitaires européennes
ist ein Imprint der / est une marque déposée de
OmniScriptum GmbH & Co. KG
Heinrich-Böcking-Str. 6-8, 66121 Saarbrücken, Deutschland / Allemagne
Email: info@editions-ue.com

Herstellung: siehe letzte Seite /
Impression: voir la dernière page
ISBN: 978-3-8416-6109-8

Remerciement

Nous adressons avec une grande sincérité nos remerciements ainsi que nos gratitudes profondes à notre encadreur Mademoiselle **Hachicha Héla** pour ses conseils précieux et ses efforts démesurés.

Nous aurons également le plaisir de présenter nos chaleureux remerciements aux membres de jury Madame **Bouassida Nadia** et Monsieur **Fourati Nejib** d'avoir bien voulu assister à la soutenance de notre projet de fin d'étude et d'accepter de juger notre travail.

Nous remercions enfin tous les professeurs et les membres de l'institut supérieur d'informatique et du multimédia de Sfax ISIMS pour l'aide qu'ils nous ont apporté durant toute notre formation.

Avant propos

Ce travail entre dans le cadre de la préparation d'un mémoire de fin d'étude du deuxième cycle au sein de l'Institut Supérieur d'Informatique et Multimédia de Sfax(ISIMS) en regard de l'obtention du diplôme de Maitrise en Système Informatique et Multimédia (MIM).

Nous visions à concrétiser nos connaissances acquises durant nos études supérieures par la conception et le développement d'une application de « Gestion de cabinet de radiologie ».

Sommaire

Liste des figures

Liste des tableaux

Introduction générale

$\mathcal{D}$e nos jours, l'informatique acquière de plus en plus d'importance pour sa capacité à aborder et à résoudre plusieurs problèmes complexes ou mal traités par les moyens manuelles. De ce fait, plusieurs organisations cherchent à modifier leurs méthodes de travail vers l'automatisation.

Dans ce cadre, le cabinet de radiologie « **Al-Alya** » nous à chargés d'automatiser les opérations liées aux processus de service de radiologie afin de faciliter et d'améliorer leurs gestions. Généralement, la gestion des opérations de services de radiologie (patients, examens, personnels, et des factures patients et fournisseurs,..) est une tache qui présente des difficultés ainsi que le manque des contrôles au niveau de la saisie augmente le risque d'erreurs. En plus la difficulté des taches de vérification des factures de payement et de décaissement peut contribuer à des erreurs de calculs et des redondances d'informations à causes de la grande masse des transactions. Ainsi, ces opérations sont devenus des taches difficiles à réaliser surtout le volume des dossiers et des papiers archivées qui augmente jours après jours. En conséquences, la tache de la recherche de vient de plus en plus difficile et même impossible dans certains cas.

Le logiciel à développer permet principalement de faciliter les opérations des gestions des patients, des demandes d'examens, des comptes rendus et des demandes d'achats.

La présente mémoire, intitulé « Gestion de cabinet de radiologie », comprend les quatre chapitres suivants :

* Le premier chapitre « Etude Préalable » s'intéresse à l'étude préalable, la description et le critique du système actuel ainsi que la proposition de la solution.

* Le deuxième chapitre « Modélisation Conceptuelle » présente la modélisation conceptuelle des données et des traitements.

* Le troisième chapitre « Modélisation Organisationnelle et Logique » est consacré à la modélisation organisationnelle et logique des données et des traitements.

* Le quatrième chapitre « Réalisation » présente la phase de réalisation du logiciel

Ce rapport est clôturé par une conclusion et quelques perspectives.

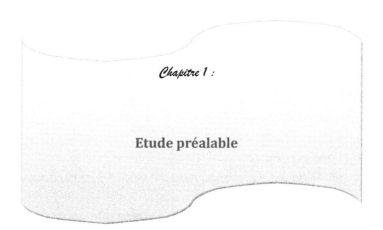

Chapitre 1 :

Etude préalable

Introduction

L'étude préalable constitue une étape primordiale et décisive pour faire des choix qui définissent la structure de l'application à développer, en concernant le projet et en comprenant les besoins.

Dans ce chapitre, nous présentons d'abord le recueil. Ensuite, nous présentons l'étude de l'existant. Cette étude porte sur la présentation de l'organisme d'accueil, l'analyse, ainsi que le critique de l'existant. Enfin, nous définissions la solution proposée.

1 Recueil

1.1 Champs de l'étude

Notre travail consiste à concevoir et à développer une application qui facilite la gestion de l'ensemble des processus d'un cabinet de Radiologie. Ces processus inclus la gestion des ressources humaines, la gestion des services radiologie, la gestion comptable et financière et la gestion du patient.

1.2 Objectives à atteindre

Nous présentons dans ce qui suit les objectifs visés pour maximiser la performance et le rendement global du cabinet. Ces objectifs sont résumés dans les points suivants:

• Automatiser la gestion des patients ceci permet d'évités les erreurs, gagner le temps.

• Automatiser la gestion des demandes d'examens et des comptes rendues.

• Préserver la confidentialité des données du cabinet (information patient, information personnel, compte utilisateur, rendement de la caisse...) en donnant les droits d'accès aux utilisateurs selon le profil de chacun d'eux.

• Automatiser la gestion des patients ceci permet d'évités les erreurs, gagner le temps.

• Minimiser l'intervention manuelle (informatiser les traitements, transmission des factures...)

• Assister et accélérer les opérations (consultation, mise à jours, suppression, recherche, prise en charge de mande examens).

• Mettre en place des fonctionnalités liés à la couverture médicale afin de répondre aux nouvelles normes de transmission électronique vers la régie de l'assurance maladie du Tunisie.

- Faciliter la gestion des commandes d'achats, la gestion du personnel, et la gestion des factures (clients et fournisseurs).

1.3 Interface avec d'autres applications

Notre application est en interaction d'une part avec l'application de Gestion des matériels (service maintenance). Cette dernière permet de contrôler le bon fonctionnement des machines ainsi que leurs maintenances pour éviter toute risque de panne. D'autre part, avec les partenaires du cabinet de radiologie (CNAM, STEG, Telecom, Poste tunisienne, SONEDE, etc...) afin d'échanger des informations concernant les patients (**Figure1**)

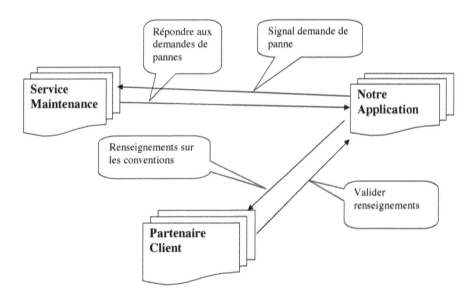

Figure 1 : Interaction avec autre application.

1.4 Planning prévisionnel

La mise en place de cette application passe par un ensemble de phases présentées dans le tableau 1 :

- **L'étude préalable** : C'est une phase très important dont le but et la détermination des objectifs à atteindre dans notre future application a partir des données existant.

- **Conception** : En se basant au langage UML, cette étape permet une modélisation graphique et textuelle destinée à comprendre et à décrire des besoins, concevoir des solutions et communiquer des ponts de vue grâce à des diagrammes et des règles bien définies qui tentent à réaliser les buts précédemment décrits.

- **Réalisation** : Il s'agit de manipuler des programmes et d'effectuer des tests unitaires.

- **Rédaction du rapport** : Description détaillé de notre travail tout au long des phases précédentes.

Tableau 1: Planning prévisionnel

Taches \ Semaine	Février 1	2	3	4	Mars 1	2	3	4	Avril 1	2	3	4	Mai 1	2	3	4	Juin 1	2	3	4
L'étude préalable			▓	▓	▓	▓	▓	▓	▓											
Conception										▓	▓	▓								
Réalisation													▓	▓	▓	▓				
Rédaction du rapport						▓	▓	▓	▓	▓	▓	▓	▓	▓	▓					

2 Etude de l'existant

Dans le but de répondre aux exigences des différents utilisateurs et de développer une application qui couvre les différents fonctionnalités dans un cabinet de Radiologie, nous sommes amenés à examiner et à décrire l'existant au sein du cabinet « AL ALYA ». Cette étude permet de dégager les insuffisances et les défaillances du système actuel. Cette partie s'étale sur deux volets : analyse de l'existant et critique de l'existant.

2.1 Analyse de l'existant

Actuellement les différentes tâches du cabinet sont traitées manuellement. En se basant sur les flux d'informations, nous notons qu'il existe deux types de patients : patient interne (logé dans la clinique) et patient externe. Dans notre travail, nous nous intéressons aux patients externes. Nous décrivons ci-dessous les différentes procédures de fonctionnement dans ce cabinet.

Avec l'arrivée d'un patient externe accompagné avec sa demande de radio, le personnel de réception vérifie l'état du patient, qui peut être :

- **Un nouveau patient**, dans ce cas il assure l'enregistrement de ses coordonnés : Nom, prénom, age, tél, adresse..., et assure l'opération de paiement. Cette dernière varie selon le type d'examen demandé (scanner, écographie, etc.) et selon la nature du patient. En effet, un patient soit il est affilié au CNAM, soit un patient étranger, soit il travaille dans une partenaire (STEG, TELECOM, etc....).

- **Un ancien patient**, dans ce cas le responsable de réception mis à jours leur nouveau examen et gère son paiement.

A la fin de cette opération d'inscription, le patient reçoit un reçue de paiement et attend son rôle afin que le responsable de réception fait le transfert de la demande vers le responsable (technicien / médecin radiologue) qui doit exécuter l'opération d'examen.

La plupart des examens se déroulent comme-ci:

- **Les radios standards :** Après le développement de cliché par le technicien, celui ci fait le transférer vers le médecin radiologue. Ce dernier fait l'interprétation et la préparation avec sa secrétaire médicale le compte rendu. Ce rapport sera par la suite signé par le médecin radiologue.

- **Les radios évolués** dont leur exécution nécessite la présence du technicien et du médecin radiologue et l'utilisation dans un certain cas des produits de contrastes. Nous citons pour ce genre d'examen les catégories suivantes :

    - **Echographie :** Dans ce cas, le technicien installe, prépare et fait entrer les coordonnés de patient dans l'échographe et le médecin exécute l'opération d'imagerie (le reste de démarche est identique à celle décrite dans le premier examen).

- **Les examens spécialisés :** qui peuvent mettre en jeux le pronostique vitale (sont les examens qui nécessites l'injection des produits de contraste).
- Dans ce cas l'examen nécessite la présence du technicien et du médecin au cours de déroulement d'examen jusqu'à la fin (le reste de démarche est identique à celle décrite dans le premier examen).

Une fois signé, le compte rendu accompagné avec le cliché sera remis au patient afin de le présenter à son médecin traitant.

Nous notons que toute exécution d'examen ne s'établit que lorsque le responsable de réception reçoit la demande d'examens du patient (sous forme d'une feuille dictée par le médecin traitant contient la liste d'examens à effectuer).

Il est à noter aussi que suite à un manque d'un certains produits dans le dépôt ((produit médical, feuille d'écriture, scanner, pochette radio, etc....), le responsable d'achat prépare alors une demande d'achat tout en mentionnant le numéro, la date et la quantité de produit nécessaire. Dans le cas d'une panne d'une certaine machine médicale utilisée, la réceptionniste signale une demande de panne mentionnant les problèmes rencontrés.

Toutes les transactions financières sont assurées par un financier qui choisit le mode de paiement des factures fournisseurs (chèque, espèce), puis l'enregistre en spécifiant la date de paiement et le montant.

2.2 Critique de l'existant

L'étude de l'existant nous à permis de dégager quelques limites du processus au sein du cabinet de radiologie. Ces limites sont:

- Manque de contrôle ce qui augmente le risque d'erreur au niveau de la saisie.
- Ne sauvegarde pas l'information sur leurs patients et sur les examens.
- Perte de temps au niveau d'accès d'une telle consultation.
- La suivie des patients et des fournisseurs peut rencontrer beaucoup de problèmes.
- La perte du patient est possible au cas où le traitement de leurs demandes traine.
- Le nombre des discussions et des problèmes au cours du travail sera augmenté entre les membres de cabinet ce qui donne des interactions.

3 Solutions proposées

Suite à cette étude (ci-dessous présentée), nous jugeons qu'il est nécessaire de mettre en œuvre une solution informatique qui améliore les tâches suivantes :

- Augmenter les tests et les contrôles.
- Automatiser la gestion des patients, des demandes des examens.
- Assurer la confidentialité et la sécurité des données de base par l'intermédiaire de droit d'accès.
- Donner beaucoup d'importance à l'interface homme machine et simplifier au maximum l'utilisation de l'application par l'utilisateur.
- Assurer une informatisation complète et évolutive de différents traitements.
- Elaborer une stratégie de communication informatisée dans le champ de travail pour éviter toute cause de discussion manuelle entre les employés.
- Informatiser les différents traitements afin de faciliter les interactions avec les partenaires (STEG, TELECOM, etc....).

Conclusion

Dans ce chapitre, nous avons définit le champ de l'étude de l'application et les objectifs à atteindre. Ensuite, nous avons présenté l'étude de l'existant qui nous a permis ainsi à fixer une solution adoptée pour assurer un bon fonctionnement des services d'un cabinet de radiologie.

Dans le chapitre suivant, nous décrivons la modélisation conceptuelle de notre application. Cette conception s'appuie sur le langage standard UML.

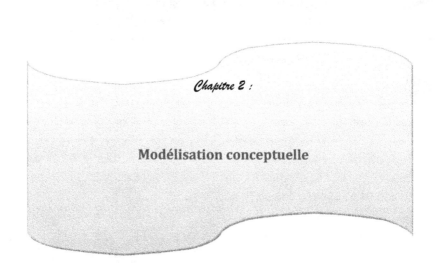

Chapitre 2 :

Modélisation conceptuelle

Introduction

La modélisation conceptuelle a pour rôle de représenter les données manipulés par l'organisme et les liens sémantiques entre elles , et de définir les règles de gestion permettant d'élaborer les différents diagrammes au niveau des traitements.

Au cours de ce chapitre, nous présentons en premier lieu la spécification des besoins (diagrammes des cas d'utilisation) et la modélisation conceptuelle des données (diagrammes des classes). Ensuite, nous décrivons la modélisation conceptuelle des traitements (diagrammes de séquences, diagrammes de collaboration). Enfin, nous présentons les diagrammes d'état de transition.

1 Choix de la méthodologie de conception et justification

Des nos jours, plusieurs méthodologies sont connus pour la modélisation conceptuelle. Pour notre application, nous avons utilisé le standard " UML ". UML est un langage de modélisation, d'analyse et de conception orienté objet qui a pour but de faciliter les transitions, les besoins à la phase d'implémentation lors de développement d'un projet.

Le choix de ce langage est justifiée par le fait que :

- UML est un langage semi-formel et normalisé.
- UML est un support de communication performant (facilite la compréhension de représentation).
- Il permet de décomposer le système en des sous systèmes plus faciles (réduction de la complexité, répartition du travail).

2 Spécifications des besoins : Diagrammes des cas d'utilisation

Un cas d'utilisation permet d'identifier les interactions entre le système et les acteurs, c'est-à-dire toutes les fonctionnalités que doit fournir le système. Ils permettent d'exprimer les besoins des utilisateurs d'un système.

Ainsi, les cas d'utilisations représentent le dialogue entre l'acteur et le système de manière abstraite. Les communications sont orientées avec des flèches.

Il existe trois relations entre les cas d'utilisation qui sont :

- **Include**: Un cas d'utilisation inclut obligatoirement un autre cas.
- **Extend**: Un cas d'utilisation est une variante d'un autre ou un cas peut être appelé au cours de l'exécution par l'autre cas.

- **Généralised**: Une relation dans laquelle un élément de modèle (l'enfant) est basé sur un autre élément de modèle (le parent) : relation de généralisation /spécialisation entre des cas d'utilisation ou entre des acteurs.

Dans les sous - sections, nous présentons les diagrammes de cas d'utilisation relatifs à notre application.

2.1 Diagramme de cas d'utilisation relatif à l'opération «Gestion administrative»

o **Représentation graphique**

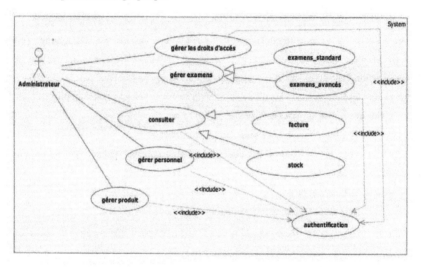

Figure 2: Diagramme du cas d'utilisation relatif à l'opération «Gestion administrative»

o **Représentation textuelle du cas d'utilisation « Ajouter examens »**

Titre: Ajouter examen.
Acteur principal: Administrateur.
Objectif : Ajouter les examens supportés dans le cabinet.
Pré-conditions: Administrateur authentifié.
Post-conditions: Ajout d'examen se fait par succès.

Scénario nominal:

1. L'administrateur demande au système d'afficher le formulaire concernant à la gestion d'examen.

2. Le système affiche le formulaire.

3. L'administrateur remplit le formulaire par les informations.

4. Le système enregistre les données dans la base.

Scénario alternatif:

A1: L'administrateur fait une erreur lors de la saisie.

- L'enchainement démarre au point **3**.

Scénario d'échec:

E1: L'administrateur annule sa demande.

o **Représentation textuelle du cas d'utilisation « Modifier produit »**

Titre: Modifier produit.

Acteur principal: Administrateur.

Objectif : Modifier les informations d'un produit utilisé dans le cabinet.

Pré-conditions: Administrateur authentifié.

Post-conditions: Mise à jour de produit se fait avec succès.

Scénario nominal:

1. L'administrateur demande au système d'afficher le formulaire concernant à la modification des produits.

2. Le système affiche le formulaire.

3. L'administrateur choisit le produit concerné.

4. Le système affiche ces informations.

5. L'administrateur met à jour les informations concernées.

6. Le système enregistre les modifications.

2.2 Diagramme de cas d'utilisation relatif à l'opération «Gestion de patient»

o **Représentation graphique**

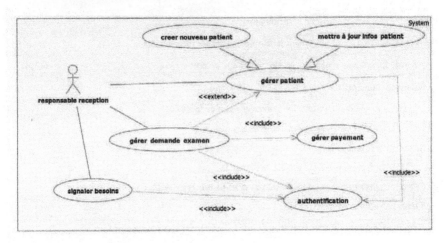

Figure 3: Diagramme de cas d'utilisation relatif à l'opération «Gestion de patient ».

o **Représentation textuelle du cas d'utilisation «Créer nouveau patient»**

Titre: Créer un nouveau patient.
Acteur principal: Responsable de réception.
Objectif : Créer un nouveau patient.

Pré-conditions:
   • Responsable de réception authentifié.
   • Présence d'un nouveau patient.

Post-conditions:
   • Enregistrement du patient et de son examen.
   • Encaissement du patient réalisé.

Scénario nominal:
   1. Le responsable de réception demande au système d'afficher le formulaire de gestion de patient.
   2. Le système affiche le formulaire demandé.
   3. Le responsable de réception saisit les informations concernant le patient.

4. Le système enregistre les informations dans la base.

5. Le responsable de réception demande au système d'afficher le formulaire de demande d'examen.

6. Le système affiche le formulaire demandé.

7. Le responsable de réception saisit les informations concernant cette demande d'examen

.   **8.** Le système enregistre les informations dans la base.

9. Le responsable de réception demande au système d'afficher le formulaire de facture pour l'encaissement de patient.

10. Le système affiche le formulaire demandé.

11. Le responsable de réception prépare la facture du patient.

12. Le système enregistre la facture dans la base.

2.3 Diagramme de cas d'utilisation relatif à l'opération «Gestion de compte rendu»

o **Représentation graphique**

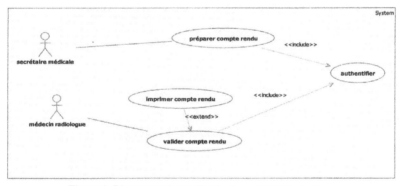

Figure 4: Diagramme de cas d'utilisation relatif à l'opération « Gestion de compte rendu».

o **Représentation textuelle du cas d'utilisation «Préparer compte rendu »**

Titre: Préparer un compte rendu relatif à un examen.	
Acteur principal: Secrétaire médicale.	

Objectif : Gérer un compte rendu.
Pré-conditions: • Secrétaire médicale authentifié. • Présence d'une demande d'examen.
Post-conditions: Compte rendu imprimé.
Scénario nominal: **1.** La secrétaire médicale demande le formulaire de saisie de compte. **2.** Le système affiche le formulaire. **3.** Le secrétaire médicale saisit l'interprétation du médecin radiologue à propos des examens réalisés. **4.** Le système enregistre les informations dans la base. **5.** La secrétaire médicale imprime le compte rendu traité après la validation de médecin.

2.4 Diagramme de cas d'utilisation relatif à l'opération «Gestion de comptabilité»

o **Représentation graphique**

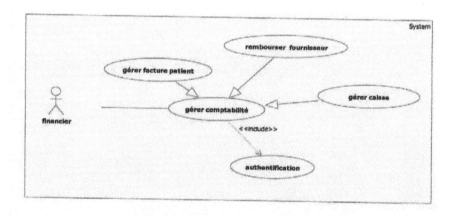

Figure 5: Diagramme de cas d'utilisation relatif à la gestion de comptabilité.

o **Représentation textuelle du cas d'utilisation « Gérer facture patient »**

Titre: Gérer facture patient.
Acteur principal: Financier.
Objectif: gérer facture patient.
Pré-conditions: Financier authentifié.
Post-conditions: facture payée et enregistrée.

Scénario nominal:
    1. Le financier demande le formulaire relatif à la gestion de facture des patients.
    2. Le système affiche le formulaire
    3. Le financier fait la sommation des revenus concernant les factures enregistrés.
    4. Le système enregistre les données.

2.5 Diagramme de cas d'utilisation relatif à l'opération «Gestion de stock»

o **Représentation graphique**

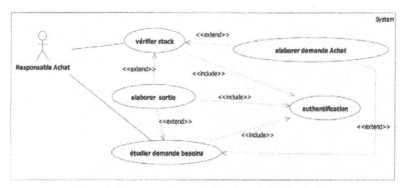

Figure 6: Diagramme de cas d'utilisation relatif à l'opération «Gestion de stock».

o **Représentation textuelle su cas d'utilisation «Vérifier stock »**

Titre: Verifier stock.
Acteur principal: Responsable d'achat.
Objectif: Gérer le stock.
Pré-conditions: Responsable d'achat authentifié.

Post-conditions: Stock met à jours.

Scénario nominal:

1. Le responsable d'achat demande au système d'afficher le formulaire du stock.

2. Le système affiche le formulaire correspondant.

3. Le responsable de stock consulte le stock et peut élaborer une demande d'achat si la quantité d'un certain produit est insuffisante.

4. Le système enregistre la demande d'achat.

3 Modélisation conceptuelle des données: Diagrammes de classes

La modélisation conceptuelle des données a pour rôle de représenter les données ainsi que les liens sémantiques entre eux. Cette modélisation comprend les parties suivantes:

* Dictionnaire apuré des données.

* Représentation des classes.

* Représentation des associations.

* Représentation des méthodes et des attributs.

* Diagrammes des classes.

3.1 Dictionnaire apuré ses données

Le tableau 2 présente les différents attributs constituants la base des données.

Tableau 2: Dictionnaire des données

N°	Codification	Désignation
1.	ADR_PAT	L'adresse d'un patient
2.	ADR_PER	L'adresse d'un personnel
3.	ADR_FOUR	L'adresse d'un fournisseur
4.	COD_PAT	Le code d'un patient
5.	CIN_PER	Le code d'un personnel
6.	CIVILITE	La civilité d'un patient
7.	COD_PAR	Le code d'un partenaire d'un patient
8.	COD_PROD	Le code d'un produit
9.	COD_EXA	Le code d'un examen
10.	COTN_DMB	Le contenu d'une demande de besoins
11.	DAT_NAISS	La date de naissance d'un patient

12.	DAT_NAIS_PER	La date de naissance d'un personnel
13.	DAT_DA	La date d'élaboration d'une demande d'achat
14.	DAT_MT	La date de montant après la réalisation d'examen d'un patient
15.	DAT_ENVOI	La date d'envoi d'une demande de besoins.
16.	DAT_FAC	La date d'élaboration d'une facture
17.	DAT_EXA	La date de réalisation d'un examen
18.	DAT_DS	La date d'élaboration d'une demande de sortie
19.	DAT_CR	La date de création d'un compte rendu
20.	LIB_PROD	Le libellé d'un produit
21.	LIB_EXA	Le libellé d'un examen
22.	LIB_PAR	Le libellé de partenaire d'un patient
23.	MT_TOT_FOUR	Le montant total à versé pour un fournisseur
24.	MT_EXA	Le montant après la convention avec le partenaire du patient
25.	MT_TOT_PATIENT	Le montant total versé à travers d'un patient
26.	NUM_FAC	Le numéro d'une facture
27.	N_DMB	Le numéro d'une demande de besoins
28.	N_DS	Le numéro d'une demande de sortie
29.	N_DA	Le numéro d'une demande d'achat
30.	NUM_CR	Le numéro d'un compte rendu
31.	NUM_DEMANDE	Le numéro d'une demande d'examen pour un patient
32.	NOM_RES_PAT	Le nom d'un parent responsable pour un patient
33.	NOM_MCT	Le nom de médecin traitant d'un patient
34.	NOM_PAT	Le nom d'un patient
35.	NOM_PER	Le nom d'un personnel
36.	NUM_PASS_PAT	Le numéro de passeport d'un patient
37.	NUM_COM	Le numéro d'un compte utilisateur
38.	NUM_FOUR	Le numéro d'un fournisseur
39.	NOM_FOUR	Le nom d'un fournisseur
40.	PRE_PAT	Le prénom d'un patient
41.	PRE_PER	Le prénom d'un personnel
42.	PRIX_UNI_PROD	Le prix unitaire d'un produit
43	PRIX_UNI_EXA	Le prix unitaire d'un examen

44.	PSEUDO	Le pseudo d'un compte utilisateur
45.	PASS_WORD	Le mot de passe d'un compte utilisateur
46.	PRE_FOUR	Le prénom d'un fournisseur
47.	Qte_Sortie	La quantité de produit sortant de stock de cabinet
48.	QTE_SP	La quantité de produit en stock
49.	QTE_SEUIL_PRD	La quantité nécessaire de produit dans le stock
50.	Qte_Demander	La quantité demandée de produit pour une demande d'achat
51.	RESULTAT	L'interprétation de médecin radiologue après l'exécution d'un examen pour un patient
52.	REF_PROD	La référence d'un produit
53.	SEX_PER	Le sexe d'un personnel
54.	SEX	Le sexe d'un patient
55.	SPC_PER	La spécialité d'un personnel
56.	TEL_PER	le numéro de téléphone d'un personnel
57.	TEL_FOUR	Le téléphone d'un fournisseur
58.	TAUX_RED	Le taux de réduction pour un partenaire
59.	TEL_RES_PAT	Le numéro de téléphone d'un parent responsable pour un patient
60	TYPE	Le type d'un personnel ou il s'authentifié
61.	TEL_PAT	Le numéro de téléphone d'un patient
62.	VIL_RES	Le nom de ville d'un personnel
63.	VIL_PAT	Le nom de ville d'un patient

3.2 Représentation des classes

Les tableaux suivants montrent les différentes classes identifiés dans notre base de données ainsi que leurs propriétés associées.

Tableau 3: Représentation des classes relatives à la gestion de patient.

Classes	Propriétés affectées
Examen	COD_EXA LIB_EXA PRIX_INI_EX

Patient	COD_PAT NOM_PAT PRE_PAT DAT_NAISS NUM_PASS_PAT TEL_PAT SEX CIVILITE TEL_RES_PAT_ NOM_RES_PAT
Demande_Exa	NUM_DEMANDE DAT_EXA NOM_MCT MT_VERSER DAT_MT
Personnel	CIN_PER NOM_PER PRE_PER TEL_PER ADR_PER DAT_NAIS_PER SEX_PER SPC_PER
Compte	NUM_COM PSEUDO TYPE PASS_WORD
Ville	COD_VIL LIB_VIL COD_POS
Produit	COD_PROD LIB_PROD REF_PROD PRIX_UNI_PROD QTE_SP QTE_SEUIL_PRD
Partenaire	COD_PAR LIB_PAR
Demande_Besoins	N_DMB DAT_ENVOI COTN_DMB
Compte_Rendu	NUM_CR DAT_CR RESULTAT

Tableau 4: Représentation des classes relatives à la gestion financière.

Classes	Propriétés affectées
Demande_Achat	N_DA
	DAT_DA
Facture	NUM_FAC
	DAT_FAC
Fournisseur	NUM_FOUR
	NOM_FOUR
	PRE_FOUR
	TEL_FOUR
	ADR_FOUR
Facture_Patient	MT_TOT_PATIENT
Patient	COD_PAT
	NOM_PAT
	PRE_PAT
	DAT_NAISS
	NUM_PASS_PAT
	TEL_PAT
	SEX
	CIVILITE
	TEL_RES_PAT_
	NOM_RES_PAT
Facture _Fournisseur	MT_TOT_FOUR
Demande_Exa	NUM_DEMANDE
	DAT_EXA
	NOM_MCT
	MT_VERSER
	DAT_MT

Tableau 5: Représentation des classes relatives à la gestion de stock.

Classes	Propriétés affectées
Produit	COD_PROD
	LIB_PROD
	REF_PROD
	PRIX_UNI_PROD
	QTE_SP
	QTE_SEUIL_PRD

Fournisseur	NUM_FOUR
	NOM_FOUR
	PRE_FOUR
	TEL_FOUR
	ADR_FOUR
Demande_Achat	N_DA
	DAT_DA
Demande_Sortie	N_DS
	DAT_DS
Demande_Besoins	N_DMB
	DAT_ENVOI
	COTN_DMB

3.3 Représentation des associations

Les différentes associations identifiées entre les classes sont représentées dans les tableaux suivants.

Tableau 6: Associations relatives à la gestion de patient.

Numéro	Nom de l'association	Classes participantes
1.	Nécessite	Examen (1..*)
		Produit (1..*)
2.	Relatif1	Examen (1..*)
		Demande_Exa (1)
3.	Effectuer1	Examen (1..*)
		Personnel (1..*)
4.	Traiter	Personnel (1..*)
		Demande_Exa (3..*)
5.	Affilier	Patient(0..1)
		Partenaire(1..*)
6.	Concerne1	Demande_Exa (1)
		Patient(1)
7.	Avoir1	Personnel (1..*)
		Compte(1)

8.	Habiter2	**Personnel(1)** **Ville(0..*)**
9.	Habiter1	**Patient(1)** **Ville(0..*)**
10.	Effectuer2	**Examen(1..*)** **Personnel (1..*)**
11.	Signaler	**Personnel (0..*)** **Demande_bésoins(1)**
12.	Concerne2	**Demande_bésoins(1)** **Produit(0..*)**
13.	Concerne1	**Demande_Exa (1..*)** **Patient(1)**

Tableau 7: Associations relatives à la gestion financière.

Numéro	Nom de l'association	Classes participantes
1.	Relative1	Patient(1) Facture_Patient (1..*)
2.	Correspond1	Facture_Fournisseur(1) Demande_Achat(1)
3.	Correspond2	Demande_Exa (1) Facture_Patient (1)
4.	Préparer	Fournisseur(1) Facture_Fournisseur(1..*)

Tableau 8: Associations relatives à la gestion d'achat.

Numéro	Nom de l'association	Classes participantes
1.	Fournir	Produit(1..*) Fournisseur(1..*)
2.	Comporte	Demande_Sortie(0..1) Demande_bésoins(1..*)
3.	Relatif	Deamnde_Achat(0..1) Demande_bésoins(1..*)

Tableau 9: Associations porteuses des données relatives à l'opération gestion d'achat.

Numéro	Nom de l'association	Classes participantes
1.	Ligne_Demande	Produit(1..*)
		Demande_Achat(1..*)
2.	Ligne_ Sortie	Demande_Sortie(1..*)
		Produit(1..*)

Tableau 10: Associations porteuses des données relatives à l'opération gestion de patient.

Numéro	Nom de l'association	Classes participantes
1.	Convention	Partenaire(0..*)
		Examen(1..*)

3.4 Représentation des méthodes / classes

Le tableau 11 résume les différentes méthodes des classes dans la base des données.

Tableau 11: Les méthodes de toutes les classes.

Numéro	Classe	Méthode
1.	Patient	ajouter infos patient ()
		mise à jous infos patient ()
2.	Partenaire	ajouter ()
		mise à jours ()
		supprimer ()
3.	Produit	vérifier existence produit ()
		mise à jous stock produit ()
		ajouter produit ()
		mise à jours produit ()
4.	Ville	ajouter ()
		mise à jours ()
5.	Demande_Exa	calculer_MT ()

6.	**Personnel**	ajouter personnel ()
		mise à jours personnel ()
		encaisser ()
		preparer_facture_pat ()
		elaborer Demande_Exa ()
		valider compte rendu ()
7.	**Compte**	Ajouter compte ()
		Mise à jours compte ()
8.	**Examen**	Ajouter examen ()
		Mise à jours examen ()
9.	**Fournisseur**	ajouter ()
		modifier ()
		supprimer ()
10.	**Facture**	creer facture ()
		archiver ()
		imprimer ()
11.	**Facture_Patient**	calculer ()
		MT_TOT_PATIENT ()
12.	**Facture_Fournisseur**	calculer_MT_TOT_FACT ()
13.	**Demande_Bésoins**	ajouter ()
		confirmer ()
		archiver ()
		supprimer ()
14.	**Compte_rendu**	ajouter ()
		modifier ()
		supprimer ()
15.	**Demande_Achat**	ajouter ()
		modifier ()
		supprimer ()

3.5 Représentation graphique des diagrammes des classes

En se basant sur les diagrammes des cas d'utilisation et les éléments déjà traités (dictionnaire des données, les classes, les associations et les méthodes), nous proposons les diagrammes des classes suivants, décrivant les entités de l'application, leurs relations et leurs propriétés.

➤ **Diagramme de classe de gestion de patient:**

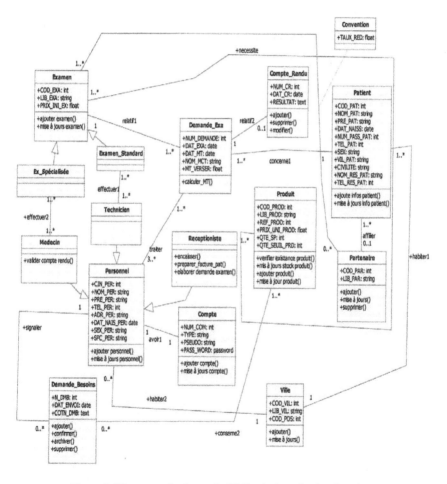

Figure 7: Diagramme de classe relatif à l'opération «Gestion de patient »

➤**Diagramme de classe de gestion financière:**

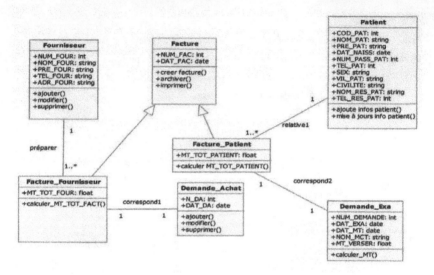

Figure 8: Diagramme de classe relatif à l'opération «Gestion financière»

➤**Diagramme de classe de gestion de stock:**

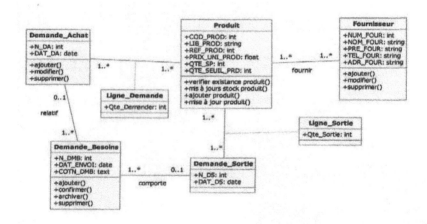

Figure 9: Diagramme de classe relatif à l'opération «Gestion de stock».

4 Modélisation conceptuelle des traitements: Diagrammes de séquence

Les diagrammes de séquence permettent de représenter les interactions entre objets selon un point de vue temporel, on y met l'accent sur la chronologie des envois des messages et la représentation se concentre sur l'expression des interactions. L'ordre d'envoi d'un message est déterminé par sa position sur l'axe vertical du diagramme. Le temps s'»écoule de haut vers le bas de cet axe. Les diagrammes de séquences peuvent servir à illustrer un cas d'utilisation. Dans les sous-sections, nous présentons quelques diagrammes de séquence relatifs à notre application.

4.1 Définition de quelques règles de gestion

- R1 : Un patient peut passer une ou plusieurs demandes d'examens.
- R2 : Une demande d'examen ne peut être concernée qu'un seul patient.
- R3 : Un compte rendu ne peut être relatif qu'à une seule demande d'examen.
- R4 : Un demande d'examen est correspond à zéro ou un seul compte rendu.
- R5 : Un examen est relatif à un ou plusieurs demandes d'examen.
- R6 : Une demande d'examen ne peut contenir qu'un seul type d'examen.
- R7 : Une demande d'examen est traitée par trois ou plusieurs personnels.
- R8 : Un personnel peut traiter un ou plusieurs demandes d'examen.
- R9 : Un personnel ne peut avoir qu'un seul compte.
- R10 : Un compte est correspond à un et un seul personnel.
- R11 : Un personnel peut signaler zéro ou plusieurs demandes de besoins.
- R12 : Une demande de besoins est signalée par un et un seul personnel.
- R13 : Un produit est appartient à zéro ou plusieurs demande de besoins.
- R14 : Une demande d'achat est relative à un ou plusieurs demandes de besoins.
- R15 : Une demande de besoins est relative à zéro ou plusieurs demandes d'achats.
- R16 : Un patient peut avoir un ou plusieurs factures.
- R17 : Une facture est relative à un et un seul patient.

4.2 Diagramme de séquence relatif au cas d'utilisation «Créer nouveau patient»

Lorsqu'un patient se présent au cabinet, le responsable de réception doit précéder à son enregistrement. S'il est nouveau il doit créer un nouveau patient en introduisant leurs informations personnelles et puis il élabore une demande d'examen. Si non s'il est ancien, le responsable de réception peut faire seulement la mise à jours de ses informations personnelles dans le cas ou il y a une telle modification ainsi il prépare une nouvelle demande d'examen.

La figure 10 illustre le diagramme de séquence relatif au cas d'utilisation **«Créer nouveau patient ».**

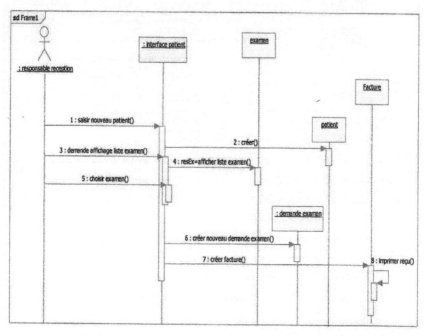

Figure 10: Diagramme de séquence relatif au cas d'utilisation «créer nouveau patient ».

4.3 Diagramme de séquence relatif au cas d'utilisation «Etudier demande besoins»

A la réception d'une liste des produits demandés (demande besoin), le responsable d'achat vérifie l'existence des produits. Si ces derniers présentent dans le stock, alors le responsable prépare une demande de sortie et mis à jours son stock. Si non, le responsable d'achat élabore une demande d'achat tout en indiquant les produits désignés.

La figure 11 illustre le diagramme de séquence relatif au cas d'utilisation «Etudier demande besoins».

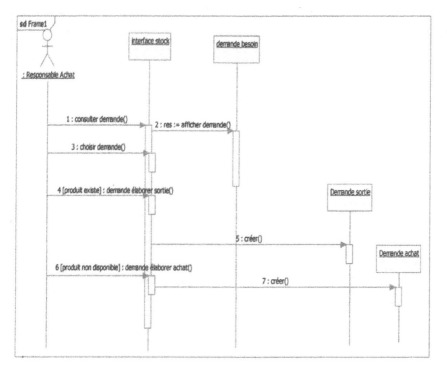

Figure 11: Diagramme de séquence relatif au
cas d'utilisation «Etudier demande besoins».

5 Modélisation conceptuelle des traitements: Diagrammes de collaboration

Les diagrammes de collaboration montrent des interactions entre objets (instance de classe et acteurs) à travers la représentation d'envois des messages. Dans les sous-sections suivantes, nous présentons quelques de collaboration relatifs à notre application.

5.1 Diagramme de collaboration relatif au cas d'utilisation «Mettre à jours infos patient»

A l'arrivé d'un ancien patient, le responsable de réception peut mettre à jours les informations personnelles du patient et il doit saisir les informations concernant l'examen à réaliser.

La figure 12 montre le diagramme de collaboration relatif au cas d'utilisation « Mettre à jours infos patient».

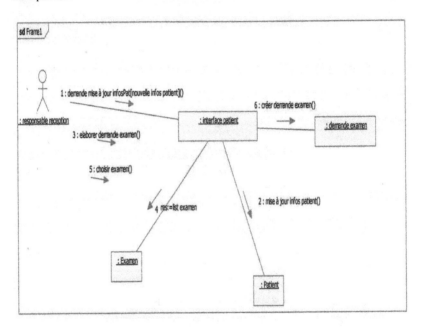

Figure 12: Diagramme de collaboration relatif au cas d'utilisation «Mettre à jours infos patient».

5.2 Diagramme de collaboration relatif au cas d'utilisation «Elaborer demande Achat»

Le responsable d'achat consulte son stock et doit comparer les quantités existantes des produits et les quantités qui doivent être présentées dans le stock (quantité seuil). Ainsi, si la quantité seuil est inferieur ou égale à la quantité existante alors il doit élaborer une demande d'achat.

La figure 13 illustre le diagramme de collaboration relatif au cas d'utilisation

«Elaborer demande Achat».

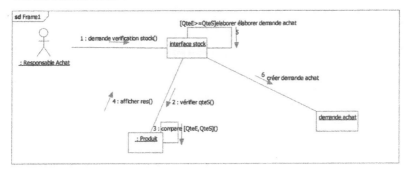

Figure 13: Diagramme de collaboration relatif au cas d'utilisation
«Elaborer demande Achat»

6 Spécification des comportements : Les diagrammes d'états transitions

Un diagramme d'état transition est un diagramme qui décrit les états des objets d'une classe, les événements auxquels ils réagissent et les transitions qu'ils effectuent. Les opérations définies au niveau du diagramme des classes apparaissent dans le diagramme d'états transitions par l'intermédiaire des actions et des activités.

Dans les sous –sections suivantes, nous présentons les diagrammes d'états transitions relatifs aux objets : « Demande_Besoins », « Demande_Achat » et « Compte_Rendu ».

6.1 Diagramme d'état transition relatif à l'objet «Demande_Besoins»

La figure 14 montre les états que peut prendre l'objet «Demande_Besoins ».

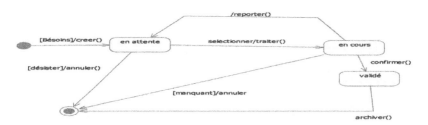

Figure 14: Diagramme d'état transition relatif à l'objet «Demande_Besoins».

Suite à un manque d'un certain besoin (pochette, papier, produit médical), le responsable de réception doit créer une demande signalant leur besoins. Cette demande sera en attente ou elle sera annulée lorsque le responsable désiste. Une fois la demande a été sélectionnée, elle sera en cours. Elle peut être soit annulée si le produit n'est plus existant ou validée. Elle peut être reportée en cas de vérification. Une fois validée, cette demande sera archivée.

6.2 Diagramme d'état transition relatif à l'objet «Demande_Achat»

La figure 15 montre les états que peut prendre l'objet «Demande_Achat ».

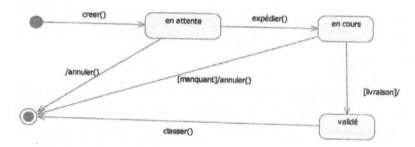

Figure 15: Diagramme d'état transition relatif à l'objet «Demande_Achat».

Lorsqu'il y a un certain manque de produits et matériels médicaux dans le stock de cabinet, le responsable d'achat doit créer une demande d'achat signalant leur besoins. Cette demande sera en attente ou elle sera annulée s'il y a un problème. Une fois expédiée au fournisseur désigné, elle sera en cours. Si le produit est manquant, cette demande sera annulée ; si non elle sera livrée et elle sera passée à l'état validée. Une fois validée, cette demande sera classée.

6.3 Diagramme d'état transition relatif à l'objet «Compte_Rendu»

La figure 16 présente les états que peut prendre l'objet «Compte_Rendu ».

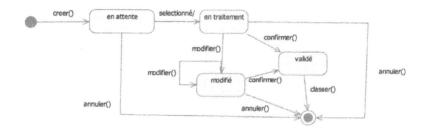

Figure 16: Diagramme d'état transition relatif à l'objet « Compte_Rendu».

Après la réalisation d'un examen, le médecin radiologue doit créer avec son secrétaire médicale le compte rendu du patient. Ce compte rendu ne sera classé qu'après la confirmation du médecin. Il peut être sujet de plusieurs modifications si nécessaire. Un compte rendu peut être annulé pour quelconques raisons (exemple un examen réalisé qui ne donne pas le résultat demande).

Conclusion

Dans ce chapitre, nous avons présenté la modélisation conceptuelle des données relative à notre application « **Gestion d'un cabinet de radiologie »** en utilisant le langage orienté objet **UML.**

Nous avons décrit d'abord les diagrammes des cas d'utilisations. Ensuite, nous avons décrit les diagrammes de classes de notre application et les diagrammes de classes de notre application et les diagrammes d'interaction (de séquence, et de collaboration). Enfin, nous avons décrit le comportement de quelques objets de notre application à travers les diagrammes d'états transitions.

Dans le chapitre suivant, nous présentons la modélisation organisationnelle et logique.

Chapitre 3 :

**Modélisation
organisationnelle et logique**

Introduction

La modélisation organisationnelle utilise les résultats obtenus au niveau conceptuel. Une fois validée, cette modélisation sera transformée en une modélisation logique conformément aux modèles de gestion de base de données et aux types de SGBD à utiliser. Dans ce chapitre nous présentons la validation des données et des traitements, quelques diagrammes d'activités et la modélisation logique des données.

1 Validation des données et des traitements

Après avoir élaboré le diagramme de classes et les diagrammes de cas d'utilisation, nous allons confronter le modèle logique des données et des traitements pour vérifier leur conformité. Cette conformation a pour objectif de vérifier que certaines propriétés appartenant au diagramme de classes sont bien manipulées par au moins un cas d'utilisation.

- **Représentation des cas d'utilisation**

Le tableau 12 montre quelques cas d'utilisation dans notre application.

Tableau 12: Représentation de quelques cas d'utilisation.

Numéro	Cas d'utilisation
1	S'authentifier
2	Gérer les droits d'accès
3	Gérer examens
4	Consulter (facture, stock)
5	Gérer personnel
6	Gérer produit
7	Gérer patient
8	Gérer demande examen
9	Signaler besoins
10	Préparer compte rendu
11	Valider compte rendu
12	Imprimer compte rendu
13	Gérer comptabilité
14	Vérifier stock
15	élaborer sortie
16	Elaborer demande achat

- **Validation des données**

Le tableau 13 illustre la validation des données avec les cas d'utilisation.

Tableau 13: Validation des données.

Attribut	Cas d'utilisation															
	1	2	3	4	5	6	7	8	9	10	11	12	13	14	15	16
COD_PAT							*	*								
NOM_PAT							*	*		*	*					
PRE_PAT							*	*		*	*					
DAT_NAISS							*									
NUM_PASS_PAT							*									
TEL_PAT							*									
SEX							*									
VIL_PAT							*									
CIVILITE							*									
NOM_RES_PAT							*									
TEL_RES_PAT							*									
COD_PAR							*	*						*		
LIB_PAR							*	*						*		
TAUX_RED								*						*		
PRIX_INI_EX			*					*								
NUM_CR										*	*					
DAT_CR										*	*					
RESULTAT										*	*					
COD_PROD				*		*			*				*	*	*	*
LIB_PROD				*		*							*	*	*	*
REF_PROD				*		*							*	*	*	*
PRIX_UNI_PROD				*		*							*	*	*	*
QTE_SP				*		*							*	*	*	*
QTE_SEUIL_PRD				*		*							*	*	*	*
COD_VIL					*		*									
LIB_VIL					*		*									
COD_POS					*		*									

	1	2	3	4	5	6	7	8	9	10	11	12	13	14	15	16
NUM_DEMANDE								*								
DAT_EXA								*								
NOM_MCT								*								
NUM_COM		*														
PSEUDO	*	*	*	*	*	*	*	*	*	*	*	*	*	*	*	*
PASS_WORD	*	*	*	*	*	*	*	*	*	*	*	*	*	*	*	*
COD_EXA			*													
LIB_EXA			*					*		*	*	*				
CIN_PER					*											
NOM_PER					*			*		*	*					
PRE_PER					*			*		*	*					
TEL_PER					*											
ADR_PER					*											
DAT_NAIS_PER					*											
SEX_PER					*											
SPC_PER			*		*											
N_DMB									*							
DAT_ENVOI									*							
COTN_DMB									*							
MT_TOT_PATIENT								*					*			
NUM_FAC			*										*			*
DAT_FAC			*										*			*
N_DA			*										*			*
DAT_DA			*										*			*
NUM_FOUR																*
NOM_FOUR																*
PRE_FOUR																*
TEL_FOUR																*
ADR_FOUR																*
MT_TOT_FOUR													*			*
Qte_Demander			*			*							*			*
N_DS														*		
DAT_DS														*		
Qte_Sortie														*		

TYPE		*	*															

A l'examen de ce tableau, nous notons que les propriétés définies dans les diagrammes de classes ont été utilisées dans divers cas d'utilisation et ceci montre la validation des données.

2 Spécification des diagrammes d'activités

Un diagramme d'activités est une variante d'états transitions. Il permet de représenter les différentes activités relatives au comportement d'une méthode ou le déroulement d'un cas d'utilisation. Il peut etre aussi devisé en couloirs ; à chaque couloir correspond l'objet responsable de la réalisation de toutes les activités contenues dans ce couloir.

Nous présentons dans ce qui suit trois diagramme d'activités relatifs au cas d'utilisation « signaler besoins », « préparer demande examen » et « préparer compte rendu ».

2.1 Diagramme d'activités relatif au cas d'utilisation «Signaler Besoins»

o **Description graphique**

La figure 17 montre les différentes opérations effectuées lors d'une demande de besoins par le responsable de réception.

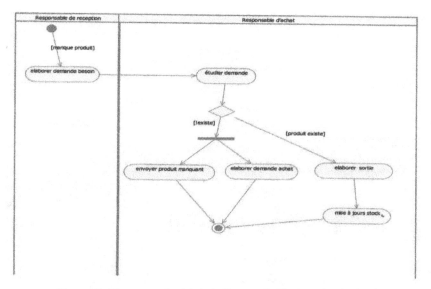

Figure 17: Diagramme d'activité relatif au cas d'utilisation «signaler besoin».

o **Description textuelle**

Suite à un manque d'un certains produits (papier, pochette, produit médical), le responsable de réception élabore une demande signalant leurs besoins et qui sera envoyée vers le responsable d'achat. Ce dernier va étudier cette demande. Si le produit disponible, il va préparer une demande de sortie et mis à jour son stock. Si la quantité est insuffisante, le responsable élabore une demande d'achat.

2.2 Diagramme d'activités relatif au cas d'utilisation «Préparer demande examen »

o **Description graphique**

La figure 18 montre les différentes opérations effectuées lors d'une préparation de demande d'examen par le responsable de réception.

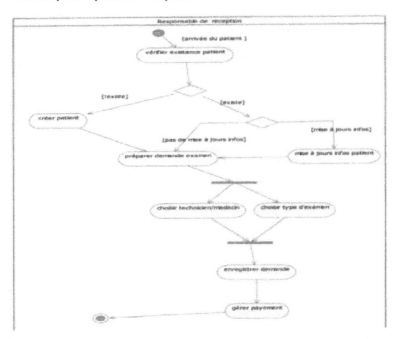

Figure 18: Diagramme d'activité relatif au cas d'utilisation
«Préparer demande examen».

o **Description textuelle**

A l'arrivée d'un patient, le responsable de réception vérifier son existence. S'il est nouveau, il procède à sa création et puis il prépare une demande d'examen. S'il s'agit d'un ancien patient, le responsable peut mettre à jour ses information personnelles ensuite il passe directement à la préparation de la demande. Cette demande sera validée qu'après le payement des frais d'examens.

2.3 Diagramme d'activités relatif au cas d'utilisation «Préparer compte rendu»

o **Description graphique**

La figure 19 montre les différentes opérations effectuées lors d'une préparation d'un compte rendu par le médecin radiologue et sa secrétaire médicale.

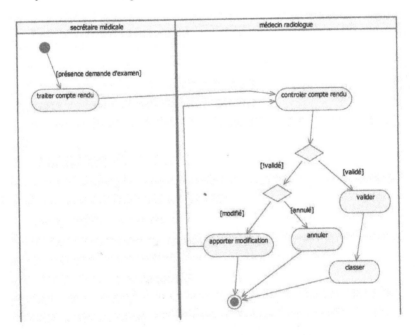

Figure 19: Diagramme d'activité relatif au cas d'utilisation
«Préparer compte rendu».

o **Description textuelle**

Suite à la préparation d'un examen, le médecin radiologue commence avec sa secrétaire médicale de prépare le compte rendu du patient correspondant. Ce compte rendu doit être contrôle par le médecin radiologue ; il peut être validé et classé après sa confirmation. Dans le cas ou il est non confirmé, le médecin radiologue peut le mettre pour apporter des modifications ou il sera annulé.

3 Modélisation logique des données

Le modèle logique de données consiste décrire les données utilisées sans faire référence à un langage de programmation, il s'agit donc de préciser le type des données utilisées lors des traitements. La modélisation logique des données ajoute à la modélisation conceptuelle des données la notion d'organisation, elle indique ainsi la manière dont les données seront organisées.

Les règles de passage du modèle objet au modèle relationnel sont les suivantes :

- **Règle 1 : UML : classe = relation**

Chaque classe devient une relation.

Les attributs de la classe deviennent les attributs de la relation.

L'identifiant de la classe devient la clé primaire de la relation.

Remarque : ajouter une clé artificielle si une clé naturelle n'existe pas (OID : numéro d'objet).

- **Règle 2 : UML : associations 1-1**

Chaque association de type 1-1 est prise en compte en introduisant la clé primaire de l'une des relations comme clé étrangère dans l'autre relation.

- **Règle 3 : UML : associations 1-N**

Chaque association de type 1-* est prise en compte en introduisant la clé primaire de la relation de multiplicité * comme clé étrangère dans la relation de multiplicité 1.

- **Règle 4 : UML : associations M-N**

Chaque association de type M-N est prise en compte en créant une nouvelle relation dont la clé primaire est la concaténation des clés primaires de chacune des relations participantes.

- **Règle 5 : UML : associations réflexives**

Les associations réflexives peuvent être de différents types (1-1, 1-N, M-N). La seule particulaire réside dans l'existence d'une clé étrangère qui référence la table qui la contient.

- **Règle 1 : UML : généralisation (1)**

Les sous classes sont des relations ayant même attributs que la superclasse.

La clé primaire de la superclasse est dupliquée dans les sous classes, en tant que clé étrangère.

- **Règle 1 : UML : généralisation (2)**

Lorsque l'héritage est sans contraintes, il est aussi possible de réaliser une décomposition ascendante (push-up) en regroupant la super classe et les classes dans une seule relation, et en gérant des contraintes.

3.1 Modélisation logique des données brutes

A partir des diagrammes de classe déjà représentés dans le chapitre 2 et en se basant sur les règles présentées ci-dessus, nous pouvons déduire le modèle logique des données brut permettant le passage du diagramme de classes au modèle relationnel.

Ainsi, le modèle logique des données brut relatif à notre application est le suivant :

1- Demande_Exa (<u>NUM DEMANDE</u>, DAT_EXA, NOM_MCT, DAT_MT, MT_VERSER,#COD_PAT,#NUM_CR,#COD_EXA,#CIN_PER).

2- Patient (<u>COD_PAT</u>, NOM_PAT, PRE_PAT, DAT_NAISS, NUM_PASS_PAT, TEL_PAT, SEX, VIL_PAT, CIVILLE, NOM_RES_PAT, TEL_RES_PAT, #NUM_DEMANDE, #COD_PAR,#COD_VIL,#NUM_FAC).

3- Convention (#<u>COD EXA,#COD PAR</u>, TAUX_RED).

4-Partenaire (<u>COD PAR</u>, LIB_PAR,#COD_EXA,#COD_PAT).

5- Compte_Rendu (<u>NUM CR</u>, DAT_CR, RESULTAT,#NUM_DEMANDE,#COD_PAT).

6- Produit (<u>COD PROD</u>, LIB_PROD, REF_PROD, PRIX_UNI_PROD, QTE_SP, QTE_SEUIL_PRD, #N_DMB, #COD_EXA).

7- Ville (<u>COD VIL</u>, LIB_VIL, COD_POS,#CIN_PER,#COD_PAT).

8- Compte (<u>NUM COM</u>, TYPE, PSEUDO, PASS_WORD, #CIN_PER).

9- Examen (<u>COD EXA</u>, LIB_EXA, PRIX_INI_EX, #CIN_PER, # COD_PAR, #NUM_DEMANDE, #COD_PROD).

10- Demande_besoins (<u>N DMB</u>, DAT_ENVOI, COIN_DMB, # CIN_PER, #COD_PROD).

11- Personnel (<u>CIN PER</u>, NOM_PER, PRE_PER, TEL_PER, ADR_PER, DAT_NAIS_PER, SEX_PER, SPC_PER, #NUM_COM, #N_DMB, # COD_VIL).

12- Facture (<u>NUM FAC</u>, DAT_FAC).

15- Facture_patient (**# NUM_FAC**, MT_TOT_PATIENT, DAT_FAC, # COD_PAT, # COD_PROD, # NUM_DEMANDE).

16- Fournisseur (**NUM_FOUR**, NOM_FOUR, PRE_FOUR, TEL_FOUR, ADR_FOUR, # COD_PROD,#NUM_FAC).

17- Facture_Fournisseur (**#NUM_FAC**, DAT_FAC, MT_TOT_FOUR, #N_DA, #NUM_FOUR).

18- Demande_Achat (**N_DA**, DAT_DA, #NUM_FAC).

3.2 Modèle logique des données optimisées

La transformation de modèle logique des données brutes en un modèle logique des données optimisées passe par les étapes suivantes :

- ✓ Définir des index supplémentaires.
- ✓ Fusion des relations.
- ✓ Définir des attributs calculables : pour réduire les accès nombreux aux relations qui ont des fréquences d'apparition élevées, on définit des données calculables qui évitent les calculs longs.
- ✓ Vérifier les applicabilités des clés étrangères en tant que contraintes référentielles et recenser d'autres clés étrangères.

Pour notre application, nous avons identifié les attributs calculables suivants (tableau 14).

Tableau 14 : Les attributs calculables.

Attributs	Description
TAUX_RED	Le taux de réduction pour chaque partenaire.
MT_TOT_PATIENT	Le montant total que le patient doit payer après son réalisation d'examen.
MT_TOT_FOUR	Le montant total à payer au fournisseur après la réception des produits manquant.
QTE_SEUIL_PRD	La quantité de produit qui doit être présente en stock.

QTE_SP	La quantité de produit existant en stock.

3.3 Tableau récapitulatif des volumes

Le tableau 15 résume le volume total pour chaque table dans la base de données.

Tableau 15: Tableau récapitulatif des volumes.

Table	Taille d'enregistrement	Nombre d'enregistrement	Volume total en caractère
CABINET	194	6	1174
COMPTE	158	4	654
COMPTE_RENDU	186	6	1144
Demande_Achat	132	6	798
DEMANDE_BESOINS	174	6	1054
DEMANDE_EXA	182	7	1278
Demande_Sortie	82	5	415
EXAMEN	216	6	1298
FACTURE	48	6	289
FACTURE_PATIENT	24	3	75
FACTURE_PRODUIT_FRS	24	3	75
PARTENAIRE	76	3	230
PATIENT	448	13	5828
PERSONNEL	433	9	3898
PRODUIT	98	7	688
VILLE	76	3	230

Conclusion

Dans ce chapitre, nous avons présenté les diagrammes d'activités relatif aux opérations «Signaler besoin », «Préparer demande examen» et «Préparer compte rendu». Ensuite, nous avons décrit la modélisation logique des données (brute et optimisé). Enfin, nous avons présenté un récapitulatif des volumes (taille d'enregistrement, nombre d'enregistrement,...) concernant les tables de notre base de données.

Dans le chapitre qui suit nous abordons la phase de réalisation de notre application.

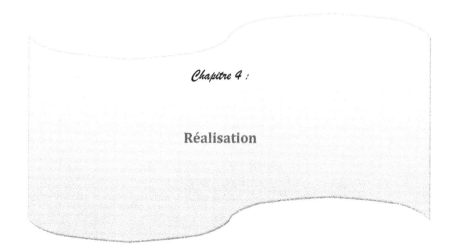

Chapitre 4 :

Réalisation

Introduction

Après avoir élaboré les phases de la modélisation conceptuelle et de la modélisation organisationnelle et logique, nous abordons dans ce chapitre la phase de réalisation de notre application.

Nous commençons par la description de l'étude technique de l'application. Ensuite, nous décrivons quelques interfaces réalisées pour illustrer le fonctionnement de quelques activités de notre application. Enfin, nous décrivons les apports de la réalisation de ce projet ainsi que l'évaluation de notre travail.

1 Etude technique

Nous présentons dans cette section la modélisation physique des données et les différents logiciels utilisés pour le développement de notre application (gestion de cabinet de radiologie).

1.1 Environnement de réalisation

Nous présentons les matériels et les outils de développement qui ont été utilisés pour la réalisation de notre application.

a) Matériel de réalisation

La réalisation de notre logiciel a été sur deux micros – ordinateurs dont les caractéristiques sont les suivantes (tableau 16) :

Tableau 16: Configuration matérielle.

Caractéristique	Ordinateur 1	Ordinateur 2
Marque	TOSHIBA	Acer Aspire 5570Z
Mémoire	2 GO	1 GO
Processeur	2 Duo 1.7 GHz	Dual-core Inside T2080
Disque dur	250 GO	120 GO
Ecran	17 pouces	14 Pouces

Système d'exploitation	Windows XP	Windows XP

b) Logiciels de base et outils de développement

Pour le développement du logiciel « Gestion du cabinet de radiologie », nous avons utilisées :

➢ Microsoft SQL Server pour l'implémentation de la base des données.

➢ L'environnement de développent Microsoft Visual Studio.NET 2008.

Nous avons également utilise l'environnement :

➢ Star UML pour la modélisation conceptuelle.

➢ Autres logiciel :

  - Adobe Photoshop CS3 pour la création des interfaces de l'application.

  - Microsoft Word 2007 comme outil de traitement du texte.

  - Crystal report comme outil de création des factures.

1.2 Modélisation physique des données

La transformation au niveau physique doit tenir compte des caractéristiques et des contraintes du système utilisées afin d'obtenir un modèle physique réalisable et performant. Le tableau 17 représente la modélisation physique des données.

Tableau 17: Modélisation physique des données.

N°	Table	Attributs	Types	Long ueur
1	COMPTE	NUM_COMP	Entier	8
		TYPE	Chaine des caractères	50
		NOM_COMP	Chaine de caractères	50
		PASS_COMP	Chaine de caractères	50
2	COMPTE_RENDU	NUM_CR	Entier	8
		DAT_CR	Date	8
		RESULTAT	Texte	50
		#NUM_DEMAND	Entier	8
		N_DA	Entier	8

3	Demande_Achat	DAT_DA	Date	8
		#COD_PROD	Entier	8
4	DEMANDE_BESOINS	N_DMB	Entier	8
		#CIN_PER_EXPIDETAIRE	Entier	8
		#CIN_PER_DESTINATAIRE	Entier	8
		OBJET	Chaine de caractères	50
		SUJET	Texte	50
		DATE	Date	8
5	DEMANDE_EXA	NUM_DEMANDE	Entier	8
		NOM_MEDECIN_TRAITANT	Chaine de caractères	50
		DAT_DEMANDE	Date	8
		DAT_MT	Date	8
		#COD_PAT	Entier	8
		#CIN_PER	Entier	8
6	Demande _Sortie	N_DS	Entier	8
		DAT_DS	Date	8
		#COD_PROD	Entier	8
7	EXAMEN	COD_EXA	Entier	8
		LIB_EXA	Chaine de caractères	50
		#CIN_PER	Entier	8
		PRIX_INI_EX	Réel	8
8	FACTURE_ PRODUIT_FRS	NUM_FAC	Entier	8
		DAT_FAC	Date	
		MT_TOT_FOUR	Réel	8

9	**FACTURE_PATIENT**	NUM_FAC	Entier	8
		DAT_FAC	Date	8
		MT_TOT_PATIENT	Réel	50
10	**PARTENAIRE**	COD_PAR	Entier	8
		LIB_PAR	Chaine de caractères	50
11	**PATIENT**	COD_PAT	Numérique	18
		NOM_PAT	Chaine de caractères	50
		PRE_PAT	Chaine de caractères	50
		ADR_PAT	Chaine de caractères	50
		DAT_NAISS	Date	8
		TEL_PAT	Numérique	18
		SEX	Chaine de caractères	50
		VIL_PAT	Chaine de caractères	50
		PART_PAT	Chaine de caractères	50
		#COD_PAR	Numérique	18
		TEL_PAR_PAT	Numérique	18
		NUM_PASS	Numérique	18
12	**PERSONNEL**	CIN_PER	Entier	8
		NOM_PER	Chaine de caractères	50
		PRE_PER	Chaine de caractères	50
		VIL_PER	Chaine de caractères	50
		TEL_PER	Numérique	18
		ADR_PER	Chaine de caractères	50
		DAT_NAIS_PER	Date	8
		SEX_PER	Chaine de caractères	50
		SPC_PER	Chaine de caractères	50

13	PRODUIT	COD_PROD	Entier	8
		LIB_PROD	Chaine de caractères	50
		PRIX_UNI_PROD	Réel	8
		QTE_SP	Entier	8
		QTE_SEUIL	Entier	8
		REF_PROD	Entier	8
		TVA_PROD	Réel	8
14	VILLE	COD_VIL	Entier	8
		LIB_VIL	Date	8
		COD_POS	Chaine de caractères	50

1.3 Etude d'enchainement des programmes

La figure 20 montre l'enchainement des programmes de notre application «Gestion de cabinet de radiologie».

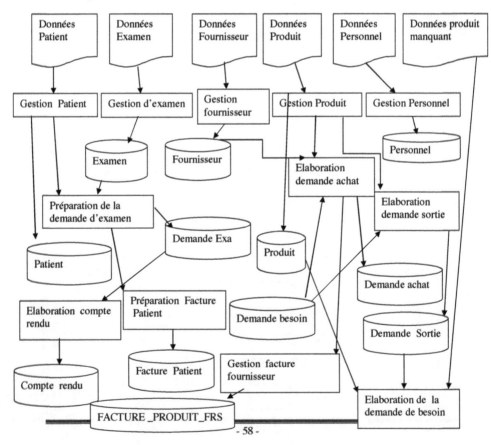

Figure 20: Enchainement des programmes de notre application.

2 Production des programmes

Cette étape consiste à réaliser et à mettre aux points les programmes en fonction des spécifications décrites.

2.1 Présentation des programmes

Le tableau 18 montre les différentes procédures relatives à notre application.

Tableau 18: Présentation des programmes

Programmes	Description
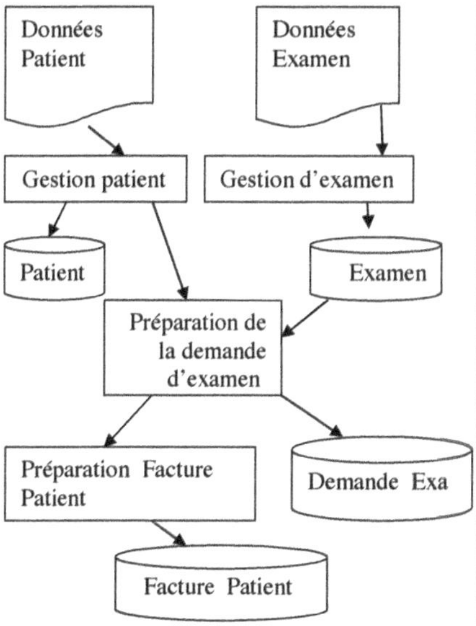 Données Patient — Données Examen → Gestion patient — Gestion d'examen → Patient — Examen → Préparation de la demande d'examen → Préparation Facture Patient — Demande Exa → Facture Patient	- Input : • Données patient • Données examens - Output : • Donnés patient enregistrées. • Demande examen patient enregistrées. • Payement effectuée. • ➢ Cette procédure permet d'effectuer la gestion du patient (ajout, modification, archive) et la gestion de demande d'examen (payement, facture).

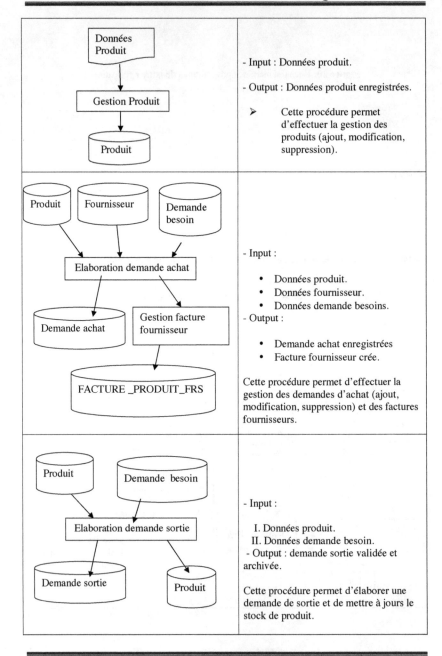

- Input : Données produit.

- Output : Données produit enregistrées.

➢ Cette procédure permet d'effectuer la gestion des produits (ajout, modification, suppression).

- Input :

• Données produit.
• Données fournisseur.
• Données demande besoins.

- Output :

• Demande achat enregistrées
• Facture fournisseur crée.

Cette procédure permet d'effectuer la gestion des demandes d'achat (ajout, modification, suppression) et des factures fournisseurs.

- Input :

I. Données produit.
II. Données demande besoin.

- Output : demande sortie validée et archivée.

Cette procédure permet d'élaborer une demande de sortie et de mettre à jours le stock de produit.

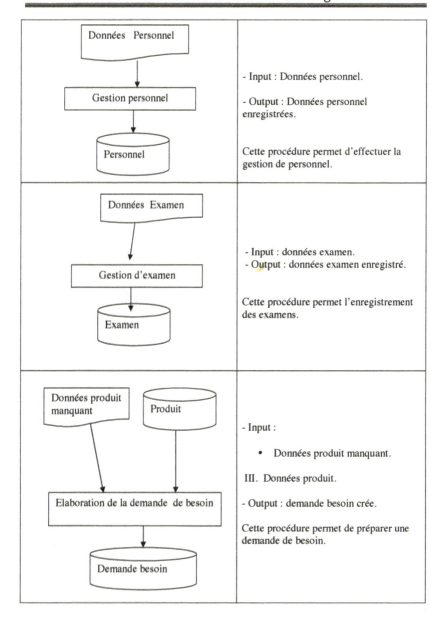

Données Personnel → Gestion personnel → Personnel	- Input : Données personnel. - Output : Données personnel enregistrées. Cette procédure permet d'effectuer la gestion de personnel.
Données Examen → Gestion d'examen → Examen	- Input : données examen. - Output : données examen enregistré. Cette procédure permet l'enregistrement des examens.

Données produit manquant, Produit → Elaboration de la demande de besoin → Demande besoin	- Input :
	
	   • Données produit manquant.
	
	  III. Données produit.
	
	- Output : demande besoin crée.
	
	Cette procédure permet de préparer une demande de besoin.

2.2 Présentation des sorties

Nous présentons ci-après la liste des grilles d'écran et des grilles d'imprimante de notre application.

A l'ouverture de l'application, un formulaire d'authentification sera affiché (figure 21).

Figure 21: Ecran d'authentification.

Selon le type de l'utilisateur, un menu général sera affiché présentant ses différentes fonctionnalités. A titre d'exemple, la figure 22 menu de l'acteur responsable de réception.

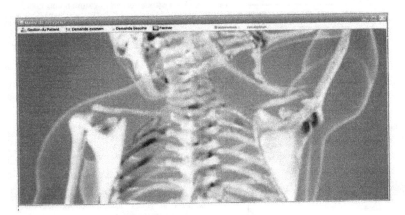

Figure 22: Ecran de menu de réception.

Le responsable de réception peut soit gérer les patients (ajout, mise à jour), soit gérer les demandes d'examen et le payement (facture patient) et soit signaler un besoin (pochettes, papier).

La figure 23 montre le formulaire de gestion d'un patient (ajout, mise à jour).

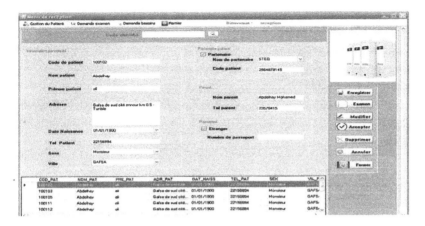

Figure 23: Ecran de gestion de patient.

Le responsable doit saisir toutes les informations sur le patient (nom, age, sexe, etc.) et s'il est nom tunisien, il doit introduire son numéro de passeport.

Si le patient est affilié à un partenaire, le responsable de réception doit préciser le code de la sécurité sociale…

Si un produit est manquant (papier, pochette, etc.), le responsable doit élabore une demande de besoins.

Le formulaire de demande de besoins est décrit dans la figure 24.

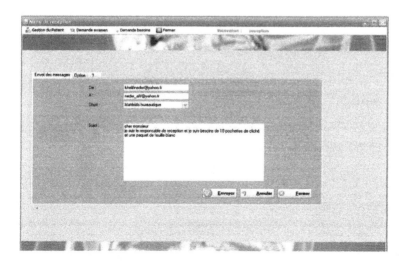

Figure 24: Ecran d'élaboration d'une demande de besoin.

La figure 25 illustre le formulaire de création d'une nouvelle demande d'examen.

Le responsable de réception doit introduite les informations sur le patient (nom patient, prénom patient, etc..), des informations sur le médecin traitant (nom médecin, date de premier examen) et doit spécifier l'ensemble des examens à réaliser tout en précisant le libellé de l'examen et le nom du médecin/technicien traitant. Une fois la procédure d'enregistrement de l'examen est achevée, la demande sera transmise au médecin/technicien pour effectuer l'examen nécessaire.

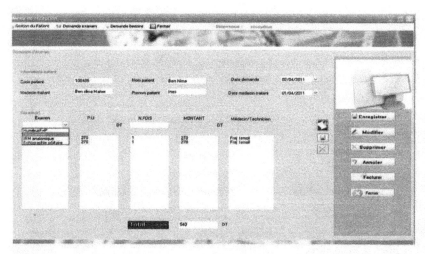

Figure 25: Ecran de manipulation d'une demande d'examen.

Une fois la demande d'examen est validée, le responsable de réception doit générer la facture de patient (figure 26).

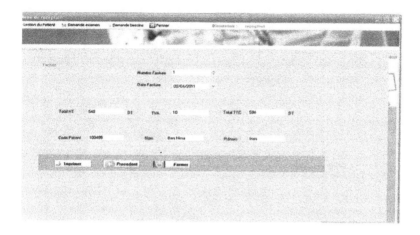

Figure 26: Ecran de gestion d'une facture de patient.

Après l'exécution de l'examen, la secrétaire médicale procède à la formulation de compte rendu (figure 27).

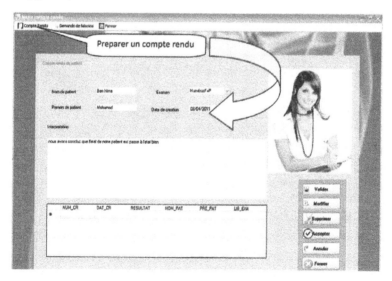

Figure 27: Ecran de gestion de compte rendu.

La secrétaire médicale doit rédiger l'interprétation dictée par le médecin radiologue. Plus tard, le médecin doit contrôler et vérifier le compte rendu afin de le valider et le signer par la suite.

Le responsable d'achat doit consulter régulièrement le stock pour vérifier la disponibilité des produits et élaborer les demandes d'achat si nécessaire. Le responsable est chargé aussi d'étudier les demandes de besoins de produits et d'élaborer des demandes de sortie.

La figure 28 montre le menu de la gestion de stock.

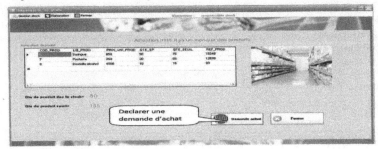

Figure 28: Ecran de gestion de stock.

Si le responsable d'achat observe un message du manque de produit il doit élaborer une demande d'achat tout en signalant le libellé du produit ainsi que la quantité (figure 29).

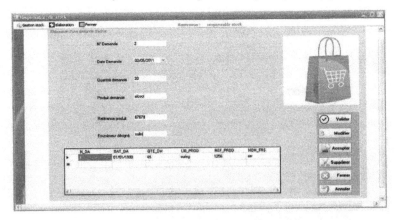

Figure 29: Ecran élaboration d'une demande d'achat.

Pour la gestion de base de données, l'administrateur dispose du menu administrateur. Il peut gérer les informations relatives aux personnels, à l'examen, aux produits, etc. il peut également effectuer des opérations de consultations. A titre d'exemple, la figure 30 montre le formulaire de gestion de personnels.

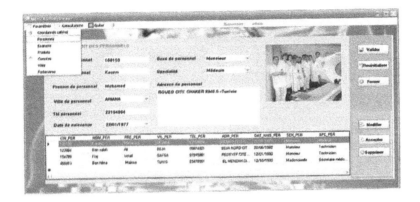

Figure 30: Ecran gestion de personnel.

Une fois la procédure d'enregistrement d'un nouveau personnel est achevée, l'administrateur doit lui attribuer un compte tout en précisant son login et son mot de passe (figure 31).

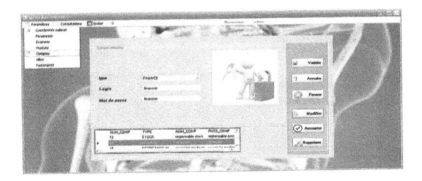

Figure 31: Ecran gestion compte d'authentification.

3 Apports

La conception et le développement d'une application de gestion d'un cabinet de radiologie est une application très riche en ternes d'informations. Ce si permet d'améliore nos performances essentielles sur les deux plans : Conceptuel et Réalisation.

3.1 Apport au niveau des connaissances technique

Cette étude nous a permis d'étudier un cas réel susceptible de nos inviter à la vie professionnelle et aux responsabilités exigées. Il a présenté pour nous une bonne occasion pour nous confronter un cas pratique qui existe réellement.

3.2 Apport au niveau de la conception et du développement

Cette application a donné l'opportunité d'approfondir nos acquis en ce qui concerne les outils de développement utilisés. Il nous a permis d'une part, d'appliquer nos connaissances pratiques. Et comme nous avons opté pour la technologie objet qui permet une bonne structuration de l'application et une modélisation proche de la réalité au niveau développement avec VB.NET et au niveau conception le langage « UML ». Nous avons pu maitrise un nouveau langage de programmation et trouver des solutions convenables pour faire face aux contraintes relatives au domaine étudié.

4 Evaluation

Dans cette section nous dressons le bilan qualitatif et le bilan quantitatif.

4.1 Bilan qualitatif

Notre logiciel a été réalisé pour le but de :

• Faciliter les différentes taches manuelles dans un cabinet de radiologie.
• Contrôler les informations saisies pour augmenter le degré de fiabilité de l'application.

4.2 Bilan quantitatif

Le tableau 19 montre le bilan quantitatif de l'application à travers les volumes effectués pendant la réalisation.

Tableau 19: Bilan qualitatif.

Désignation	Nombre
Classe	35
Classes d'association	4
Attribut	95
Grille d'écran	25

Grille d'impriment	4

Conclusion

Dans ce chapitre, nous avons présenté d'abord, l'environnement de réalisation : matériel, logiciel de base et outils de développement. Ensuite, nous avons décrit l'enchainement des programmes constituants notre application. Enfin, nous avons présenté quelques feuilles d'interfaces les plus importantes afin de montrer le fonctionnement de notre application.

Conclusion générale

*E*n guise de conclusion, ce mémoire de fin d'étude en maitrise de système d'informatique et multimédia, a été une occasion pertinente qui nous a permis d'améliorer nos connaissances théoriques par le développement d'un projet concernant la gestion de cabinet de radiologie.

Notre logiciel a été conçu et développé essentiellement pour faciliter les opérations des gestions des patients, des demandes d'examen, des factures, des comptes rendus et des demandes d'achats. En effet, après avoir présenté l'étude préalable, nous avons effectué la modélisation conceptuelle en bénéficiant des concepts de langage unifié de modélisation « **UML** ». Ensuite, nous avons procédé à la modélisation organisationnelle et logique. Enfin, nous avons passé à la réalisation de notre application. L'implantation de ce dernier a été réalisé à l'aide du système de gestion de base de donnée « **SQL Server Express** » et du langage de programmation « **Visual Basic.Net 2005** ».

Toutefois, l'application « Gestion de cabinet de radiologie » présente quelques limites.

Afin d'améliorer cette version, nous proposons d'ajouter quelques fonctionnalités comme la réalisation d'une interface nommée « **Historique** » permettant d'enregistrer les différentes taches manipulées par chaque utilisateur sur son session ainsi que son responsable.

Ce processus permet de connaitre les responsables des certains problèmes lorsqu'ils existent.

Référence Bibliographie

Cours

- « Conception des systèmes d'informations 2(OMT, UML et extension Web) »,

Enseignant : Wassim Jaziri, Année et Filière : T-MIM, Année universitaire 2008-2009.

- « SGBD »

Enseignant : Lotfi Bouzgenda, Année et Filière : T-MIM, Année universitaire 2008-2009.

Neto graphie

- Unified Modeling Language (UML) (2004) Unified Language Specification, version 2.0, http : //www.uml.org.org
- http://www.vbfrance.com
- http://www.codes-sources.com
- http://www.developpez.net/forums
- http://www.commentçamarche.net/forum

Biographie

Khelifi Nader, né le 01 Avril 1986 à Redeyef /Tunisie titulaire d'un diplôme de maitrise en informatique système et multimédia de l'Institut Supérieur d'Informatique et Multimédia Sfax(ISIMS) ; école qui m'a permis d'acquérir une solide formation (web et système) et une expérience utile en entreprise ou j'ai réalisé mon projet de fin d'étude(PFE).